PRINCIPES LOGIQUES,

OU

RECUEIL DE FAITS

RELATIFS

A L'INTELLIGENCE HUMAINE.

PRINCIPES LOGIQUES,

OU

RECUEIL DE FAITS

RELATIFS

A L'INTELLIGENCE HUMAINE;

PAR M. DESTUTT COMTE DE TRACY,

Pair de France, Membre de l'Institut de France, et de la Société Philosophique de Philadelphie.

PARIS,

Mme Ve COURCIER, IMPRIMEUR-LIBRAIRE,

rue du Jardinet, n° 12, quartier Saint-André-des-Arcs.

1817.

On trouve chez le même Libraire l'Ouvrage suivant du même Auteur.

ÉLÉMENS D'IDÉOLOGIE, 4 vol. in-8°.

Chaque partie se vend séparément, savoir :

1re *partie*. Idéologie proprement dite, 2e édition.

2e *partie*. Grammaire.

3e *partie*. Logique.

4e et 5e *parties*. Traité de la Volonté et de ses effets.

AVERTISSEMENT.

Ce petit Écrit existe depuis longtemps, et je l'avais absolument oublié. Je le publie aujourd'hui, parce que l'on m'assure qu'il peut être utile aux jeunes gens qui s'occupent de ce genre de recherches, en leur indiquant les principaux faits qu'ils doivent observer et vérifier, et à ceux qui seraient tentés de négliger cette branche importante de nos connaissances, en éveillant leur curiosité. Je désire qu'il produise ces deux effets.

Si l'on trouvait ici quelques assertions qui au premier coup-d'œil et sur un simple énoncé parussent douteuses, ou hasardées, ou même fausses, je demande que l'on veuille bien ne les pas condamner définitivement sans en avoir cherché et examiné les développemens et les preuves dans mes *Élémens d'Idéologie*; car ceci est destiné à en faciliter la lecture, mais non pas à en tenir lieu.

TABLE
DES CHAPITRES.

PRINCIPES LOGIQUES,

OU

RECUEIL DE FAITS

RELATIFS

A L'INTELLIGENCE HUMAINE.

CHAPITRE PREMIER.

DE LA LOGIQUE.

Qu'est-elle? Que doit-elle être?

JUSQU'A présent la Logique n'a été que l'art de tirer des conséquences légitimes d'une proposition supposée vraie et avouée comme telle.

Mais premièrement, les règles que l'on nous a données pour atteindre ce but, fussent-elles bonnes, manquent toutes d'une garantie qui nous assure de leur justesse; car elles sont toutes fondées sur le syllogisme; et les diverses formes du syllogisme reposent sur ce fameux principe : deux choses sont égales entre elles quand toutes deux sont égales à une même troisième chose; et en conséquence le syllogisme consiste uniquement à introduire un moyen terme entre le grand et le petit terme.

Ce principe est vrai, mais il ne fait rien à l'affaire; car il n'est pas vrai que le grand, le petit et le moyen terme d'un syllogisme soient exactement égaux entre eux; si cela était, ils n'exprimeraient qu'une seule et même chose; et il n'est pas plus vrai que la majeure, la mineure et la conséquence d'un syllogisme soient des propositions égales entre elles. Si elles étaient parfaitement égales, l'une ne dirait rien de plus que l'autre, et on ne serait pas plus avancé à la troisième qu'à la première. Si, au contraire, la mineure dit autre chose que la majeure, et la conséquence plus que toutes deux, elles ne sont pas égales entre elles. Cela est incontestable (1). Ainsi tout notre système d'argumentation et de raisonnement est mal fondé.

D'ailleurs, quand le principe sur lequel s'appuie ce système le justifierait

(1) Aussi on nous dit, d'un autre côté, que le grand terme renferme le moyen et celui-ci le petit terme; cela est vrai sous le rapport de leur extension, c'est-à-dire du nombre des objets auquel l'idée s'applique, et cela est faux sous le rapport de la compréhension, c'est-à-dire du nombre des idées que l'idée totale renferme; or, c'est la compréhension d'une idée à laquelle il faut avoir égard, et c'est toujours l'idée particulière qui renferme l'idée générale dans sa compréhension; c'est ce qui fait qu'on peut dire qu'*un cerisier est un arbre*, et qu'on ne peut pas dire qu'*un arbre est un cerisier;* c'est ce qui fait aussi que la cause de la vérité n'est pas dans les propositions générales, mais dans les propositions particulières, dont la réunion permet de former une proposition générale, de laquelle ensuite on déduit commodément d'autres propositions particulières; tout cela sera plus amplement expliqué par la suite.

pleinement, il resterait encore à prouver ce principe lui-même, et tous les autres principes non contestés desquels on argumente, à trouver en quoi ils sont vrais, et pourquoi ils sont vrais; or, c'est ce que la Logique n'a pas même entrepris de faire. Elle établit pour premier principe, qu'*il ne faut pas disputer des principes*, et pourtant chaque logicien en admet un plus ou moins grand nombre que ses prédécesseurs, approuve les uns, critique les autres; mais aucun ne montre la cause première de la vérité de ceux qu'il admet, de la fausseté de ceux qu'il rejette.

Les uns disent qu'il faut s'en rapporter au bon sens, à la conviction intime, au sentiment profond de quiconque jouit de sa raison. Les autres disent qu'une proposition est certaine, indubitable quand elle présente un sens clair et distinct, ou quand, traduite en d'autres mots, elle ne peut jamais faire un sens plus net et plus certain, ou quand la contradictoire implique contradiction et absurdité, etc., etc.

Tout cela, quoique assez vague et sujet à mille difficultés dans les applications, peut être juste et vrai; mais il faudrait faire voir pourquoi. Or, c'est ce que personne n'a fait. Ce sont pourtant là des propositions comme d'autres, dont la vérité a besoin d'être prouvée, et doit pouvoir s'expliquer et se démontrer; car on n'y est pas venu tout d'un coup. On doit pouvoir montrer nettement comment on y est arrivé, et pourquoi on a eu raison de s'y attacher. L'homme a nécessairement senti avant de juger. Il a porté des jugemens confus avant de former des propositions explicites; il a fait des propositions particulières avant d'en faire de générales. Tout cela demande à être développé.

Cela n'étant pas fait, convenons que notre Logique, même supposée irréprochable dans ses procédés, s'appuie sur une idée fausse dans la déduction des conséquences; que sur-tout elle manque d'un point fixe auquel puisse se rattacher tous ses principes; et que par conséquent elle est sans aucune base certaine d'où nous puissions partir, et qui puisse nous assurer de la solidité et de la réalité de tout ce que nous savons ou croyons savoir; c'est pour cela que l'on n'a jamais pu réfuter victorieusement et méthodiquement les sceptiques les plus téméraires, et qu'on s'est contenté de les écarter et de les accabler d'un mépris affecté, qui cache et décèle en même temps l'impuissance de les vaincre; car il est plus aisé de dédaigner que de répondre.

On a pu et dû peut-être se contenter de cet état précaire, tant que la science humaine n'ayant encore fait que peu de progrès, et n'étant guère composée que de quelques aperçus plus ou moins heureux, ne permettait pas même l'espérance d'atteindre jusqu'à la source et à la cause première de toute certitude. Mais aujourd'hui de nombreux succès ont montré la force de l'esprit humain. Beaucoup de nos découvertes ne sont plus des fruits hasardés du génie qui devine, mais des effets de la raison qui voit. Beaucoup d'assertions établies méthodiquement se sont trouvées confirmées par des faits postérieurs. Tout prouve enfin qu'il y a des vérités certaines pour nous, et que notre intelligence est susceptible d'une marche assurée et toujours la même dans toutes les parties de ses recherches. On a donc le droit et le devoir d'exiger que la Logique, qui prétend présider à toutes nos connaissances, soit elle-même une science rigoureuse, qu'elle ait un point de départ certain, que tous ses principes ne soient que des conséquences d'un premier fait pris dans la nature, qu'elle rende raison de nos écarts et de nos succès, en un mot, qu'elle soit réellement la science de la vérité, et qu'elle nous montre nettement en quoi elle consiste. C'est effectivement ce qu'elle doit faire et ce qu'elle doit être. Jusque-là, on ne peut la regarder que comme un jeu futil, et le plus trompeur de tous. Il faut la renouveler totalement.

CHAPITRE DEUXIÈME.

De notre existence. Qu'elle consiste dans ce que nous sentons.

IL suit de ce que nous venons de dire, premièrement, que la Logique ne peut consister que dans l'étude de notre intelligence, puisque ce sont les procédés de notre intelligence qu'il s'agit d'examiner et de juger; secondement, que son premier soin doit être de chercher quelle est la première chose dont nous sommes sûrs, afin de passer de celle-là à toutes celles qui en dérivent nécessairement, et qui, par conséquent, seront certaines aussi. Or, ces deux conditions nous ramènent également à l'étude de nous-mêmes; car où trouverons-nous ce premier fait, si ce n'est au-dedans de nous? Essayons donc de descendre dans notre intérieur. Qu'y trouvons-nous? le sentiment. Nous n'existons que parce que nous sentons; nous n'existerions pas si nous ne sentions pas. Notre existence consiste à la sentir dans les différentes modifications qu'elle reçoit, et en même temps nous sommes bien sûrs de sentir ce que nous sentons. Ainsi la première chose que nous savons, c'est notre propre existence, et nous la savons indubitablement.

Voilà un premier fait certain. Voilà la première de toutes les certitudes. Voilà un premier pas de fait, et c'est Descartes qui l'a fait. Après être convenu avec lui-même de regarder comme douteux tout ce qu'il avait pu jamais savoir et connaître, il a dit : je doute, je sens que je doute, je suis sûr de douter, ou du moins de croire douter : mais douter, ou seulement croire douter, c'est sentir, c'est penser quelque chose; et penser ou sentir c'est exister : je suis donc sûr d'être, d'exister un être pensant. Par là, le premier entre tous les hommes, il a trouvé le véritable commencement de toute Logique; et depuis lui, tout ce qu'on a fait de véritablement important dans cette science, a consisté à ruiner l'hypothèse des idées innées, que lui-même avait crée imprudemment (1);

---

(1) Cette supposition n'est formellement établie ni dans les *Essais de Philosophie*, ni dans les *Méditations*, ni dans les *Principes de Philosophie*, qui sont les trois ouvrages dans lesquels Descartes a expressément et dogmatiquement exposé sa doctrine; mais elle l'est positivement dans ses Notes contre le programme de Le Roi. *Voyez* ses Lettres, tom. Ier,

à voir plus en détail que lui nos diverses opérations intellectuelles, et à connaître comment elles nous apprennent l'existence des êtres qui ne sont pas nous. Mais Descartes, tout de suite après un si beau commencement, s'est égaré, parce qu'il a sauté des intermédiaires; ceux qui l'ont suivi n'ont pas encore procédé avec assez de rigueur. Reprenons donc la route qu'il a ouverte au moment où il y est entré, et suivons-la pas à pas, comme il aurait dû faire lui-même, sans nous embarrasser de le suivre, et encore moins aucun autre guide.

Lettre 99e, et ailleurs. Ayant fait de la pensée et de l'étendue deux substances, il a été obligé de dire que la pensée, dès qu'elle est créée, pense toujours, et que par conséquent il y a des idées antérieures et étrangères aux sensations; que l'étendue est toujours pleine, et qu'ainsi il n'y a pas de vide. De ces deux assertions, l'une a gâté toute sa métaphysique et l'autre toute sa physique; et tout cela, pour avoir voulu déterminer la nature du principe pensant, tandis qu'il ne fallait qu'en observer les effets.

Je suis sûr de sentir, et mon existence consiste à sentir. Ainsi je suis plus immédiatement assuré de mon existence que de celle de toute autre chose quelconque. Commençons donc par examiner cette existence directement et séparément de toute autre, et voyons ce que nous pourrons remarquer dans la sensibilité qui la constitue.

Il s'agit uniquement ici d'observer notre sensibilité, ses actes, c'est-à-dire ses différens modes, qui constituent nos différentes manières d'exister, et les conséquences qui résultent de ces manières d'être; et il n'est nullement question de découvrir quel est l'être qui est doué de cette sensibilité, ni quelle est sa nature, son commencement, sa fin ou sa destination ultérieure. Ces dernières recherches peuvent faire partie de la Métaphysique, qui est du ressort de la Théologie, mais elles sont étrangères à l'Idéologie, laquelle seule appartient à la Logique. D'ailleurs on sent bien que nous ne devons pas nous en occuper d'abord; car notre sensibilité, comme tout autre objet, ne se manifeste à nous que par ses effets. Pour remonter à ses causes, il faut auparavant la connaître, et pour la connaître, il faut étudier ses effets. Si ensuite je veux tenter la découverte des causes de ma sensibilité, ce sera en me servant des procédés que l'étude de cette même sensibilité m'aura fait reconnaître pour être les meilleurs. Ainsi cette recherche sera une application de la Logique, et non pas une partie de la Logique elle-même.

CHAPITRE TROISIÈME.

Des différens modes de notre sensibilité.

Je suis sûr de sentir, et je suis certain que je ne peux rien éprouver ou connaître qu'en vertu de cette propriété que j'ai d'être susceptible d'être affecté. Mais je ne suis pas moins certain que je suis capable d'une multitude d'affections diverses. Essayons si dans cette multitude nous pouvons reconnaître quelques modes distincts dont nous puissions faire des classes différentes, sous lesquelles il soit possible de ranger toutes nos perceptions, afin de commencer à y mettre quelque ordre, et à à y porter quelque lumière.

J'observe d'abord que je suis souvent affecté d'une certaine façon que nous appelons *vouloir*. Nous connaissons tous, par expérience, par sentiment, cette modification de notre être. Nous savons qu'elle consiste à désirer d'éprouver ou d'éviter une manière d'être quelconque. Je ne puis la confondre avec aucune autre; ainsi voilà un mode distinct de ma sensibilité que j'appelle *volonté*, et ses actes des *désirs*.

Je remarque ensuite que je ne puis pas concevoir en moi, ni même dans aucun être animé, un désir sans un jugement préalable, implicite ou explicite, qui prononce qu'une telle affection est bonne à rechercher ou à éviter. Quand on juge qu'une chose est désirable, on ne la désire pas encore pour cela. On est affecté en jugeant autrement qu'en désirant; c'est un autre acte de notre sensibilité. Cette nouvelle action, cette nouvelle fonction, on l'appelle *jugement*, et les perceptions qui en résultent on les appelle encore des *jugemens*, tant nos langues sont pauvres et mal faites pour tout ce qui a rapport aux opérations de notre esprit. Cela doit être, car ces opérations ayant toujours été mal démêlées, ne peuvent être que mal désignées.

Cette action de juger consiste à voir que l'idée que j'ai d'une chose appartient à l'idée que j'ai d'une autre. Quand je juge qu'un fruit est bon ou n'est pas bon, j'aperçois, je perçois, je sens que dans l'idée totale que j'ai de ce fruit, est comprise l'idée d'être bon ou celle de n'être pas bon. Ainsi la perception appelée *jugement*, qui résulte de cet acte appelé *juger*, est toujours la perception qu'une idée en renferme une autre.

Ceci me conduit à une autre observation. Pour que j'aperçoive qu'une idée en renferme une autre, il faut qu'auparavant j'aie perçu ces deux idées. Il y a donc un autre acte de ma sensibilité qui consiste à sentir, à percevoir purement et simplement une idée, une perception quelconque. Cet acte n'est ni celui de *juger*, ni celui de *désirer*; il en est distinct; il est nécessairement antérieur, ne fut-ce que d'un instant : on peut l'appeler spécialement *sentir*.

Mais la perception que je sens, l'idée quelconque que je perçois, peut être l'effet direct d'une cause actuellement présente, ou n'être que le rappel d'une impression déjà éprouvée, d'une idée déjà perçue. Cette circonstance est assez frappante et assez importante pour distinguer deux espèces dans l'action de sentir simplement, sans juger ni désirer encore. La seconde de ces deux façons de sentir peut s'appeler *se ressouvenir*, et ses effets des *souvenirs*.

Ainsi, quoique tout effet de notre sensibilité, tout acte de notre pensée, tout mode de notre existence consiste toujours à sentir quelque chose, nous pouvons distinguer quatre modifications essentiellement différentes dans cette action de *sentir*, celles de *sentir simplement*, de se *ressouvenir*, de *juger* et de *vouloir*, et nous nommerons leurs effets *sensations* (dans le sens de perceptions directes), *souvenirs*, *jugemens* et *désirs*.

Ces distinctions sont autant de nouveaux faits dont je suis tout aussi certain que du premier fait général, *je sens*; et j'en suis certain de la même manière ; c'est-à-dire parce que je les sens : ce qui est ma seule manière d'être sûr de quoi que ce soit.

Je sais que beaucoup d'observateurs de l'homme ont remarqué plusieurs modifications de notre sensibilité qu'ils ont cru devoir distinguer, telles que la réflexion, la comparaison, l'imagination, etc. Je ne nie point que ce ne soit en effet là autant d'états de notre sensibilité, ou d'opérations de notre pensée, qui diffèrent réellement les unes des autres; mais il n'en résulte pas pour nous immédiatement des perceptions d'un genre nouveau que nous puissions nommer des *réflexions*, des *comparaisons*, des *imaginations*. Quand je compare deux idées, je les sens et je les juge ou je ne fais rien : il en est de même quand j'y réfléchis. Quand j'imagine, j'assemble différemment des idées que j'ai déjà eues; je sépare les unes, je réunis les autres, j'en forme de nouvelles combinaisons; mais tout cela en vertu de ce que je les perçois et que j'en porte des jugemens. Ainsi ce sont-là autant d'opérations intellectuelles différentes, si l'on veut, mais ce ne sont pas des opérations élémentaires et primordiales, puisque elles se résolvent toutes dans celles que nous avons remarquées. On trouvera la même chose dans tous les cas qu'on voudra se donner la peine de bien examiner. Nous ne faisons donc jamais que percevoir, juger et vouloir. Essayons de pénétrer plus avant.

CHAPITRE QUATRIÈME.

De nos perceptions ou idées.

JE poursuis l'examen de ma propre existence, parce que c'est la seule dont je sois sûr directement et immédiatement. Elle consiste dans ce que je sens;

et je continue à l'observer abstractivement et séparément de l'existence de tout autre être, parce que je ne connais celle-ci que subséquemment et médiatement. Nous verrons ensuite comment nous découvrons cette seconde existence, en quoi elle consiste, ce que nous en savons, et ce que nous en devons penser. En attendant, néanmoins, je parlerai toujours des corps comme s'ils existaient réellement. C'est l'opinion commune; et nous verrons bientôt qu'elle est fondée.

Toutes ces perceptions ou idées que nous ne faisons que *sentir*, et en conséquence desquelles ensuite nous *jugeons* et *désirons*, sont fort différentes entre elles.

Nous avons d'abord des sensations proprement-dites, lesquelles ne sont que de simples impressions que nous recevons de tous les êtres qui affectent notre sensibilité, y compris notre propre corps; telle est la perception de brûlure ou de piqûre. Nous avons des idées de ces êtres qui agissent sur nous, lesquelles sont composées de la réunion de toutes les affections qu'ils nous causent; telle est l'idée d'un poirier ou d'un caillou. Nous avons de même des idées des propriétés, des actions, des qualités de ces mêmes êtres, lesquelles ne sont encore que les impressions que nous en recevons, considérées non dans nous, mais dans les êtres qui les produisent; telle est l'idée de chaleur ou de pesanteur.

Toutes ces idées sont d'abord relatives à un seul fait. Elles sont individuelles et particulières. Nous les étendons ensuite à tous les faits qui se ressemblent, abstraction faite de leurs différences: elles deviennent générales et abstraites. Ainsi l'idée *brûlure* n'est plus celle d'une telle brûlure, mais de toutes les brûlures; l'idée d'un *arbre* n'est plus celle d'un tel arbre, mais de tous les arbres ; l'idée de *chaleur* n'est plus celle de la chaleur d'un tel corps, mais de la chaleur de tous les corps chauds.

Ensuite nous établissons des degrés dans ces idées générales et abstraites, et nous formons des idées d'espèces, de genres, de classes, par des éliminations successives, de manière que moins elles conviennent à un grand nombre d'êtres, plus elles retiennent des particularités de chacun d'eux, et que plus au contraire elles s'étendent à une grande multitude, moins elles renferment des élémens propres à chaque individu : c'est ainsi que nous formons successivement les idées poirier, arbre, végétal, corps, et enfin être, qui étant la plus générale de toutes, ne comprend plus qu'une seule propriété commune à tous les êtres, celle d'exister, n'importe comment.

Tout cela n'a pas toujours, peut-être

jamais, été vu bien clairement, et cependant cela pouvait l'être avec une légère attention, si les observateurs n'avaient pas été préoccupés de préventions antérieures.

Quoi qu'il en soit, voilà bien des sortes de perceptions différentes; leur nombre et leur diversité a pu nous éblouir; mais si nous ne sommes pas possédés de la manie incurable de substituer les hypothèses et les conjectures à l'observation, nous n'irons pas, pour expliquer la formation de ces idées, supposer ou qu'elles nous sont toutes données immédiatement et à chaque moment par une puissance surnaturelle, ou qu'elles existaient toutes à une époque que nous ne pouvons fixer, dans une portion de notre individu que nous ne pouvons déterminer, qui les a toutes oubliées, et qui se ressouvient de toutes à mesure que les occasions qui pourraient les produire les lui rappellent; ou que, etc., etc.

Heureusement il est inutile aujourd'hui d'insister sur de pareils rêves, qui ont rempli les têtes pendant tant de temps.

Il nous est aisé de voir, en nous regardant nous-mêmes, que toutes ces idées se forment facilement en nous par les seules opérations de sentir et de juger; que ce sont autant de composés et de surcomposés d'un petit nombre d'élémens primitifs, nos simples sensations, lesquelles, quoique assez peu diversifiées, fournissent une quantité vraiment infinie de combinaisons, à peu près comme trente ou quarante caractères suffisent à la formation de tous les mots imaginables de toutes les langues parlées possibles; et ce qui complète la démonstration, c'est que dans cette multitude innombrable d'idées, il nous est absolument impossible d'en découvrir une qui n'ait pas son origine plus ou moins éloignée dans ces sensations et qu'au contraire il nous est tout aussi impossible d'inventer une seule sensation ou un seul sens essentiellement différent de ceux dont nous sommes doués. Tout par nos sensations et rien sans elles, voilà notre histoire; et notre manière constante de les élaborer, c'est de *nous ressouvenir* en conséquence de *sentir*, et de *vouloir* en conséquence de *juger*.

Les choses étant ainsi, voilà j'espère les actes de notre sensibilité bien éclaircis et notre existence intime bien reconnue, et reconnue avec autant de certitude dans ses détails que dans son ensemble. Mais qu'est-ce donc qui lie cette existence avec celle du reste de la nature? Est-ce une illusion? est-ce une réalité? C'est, je pense, ce dont nous pouvons actuellement rendre compte. Quand nous nous voyons nettement nous-mêmes, c'est-à-dire nos moyens de connaître, nous pouvons voir nettement aussi ce que ces moyens sont capables de nous apprendre; et on ne saurait trop le répéter, il n'y a pas d'autre manière d'y parvenir.

CHAPITRE CINQUIÈME.

De l'existence de tous les êtres autres que notre moi.

PAR cela seul que nous sentons, nous sommes assurés de notre existence, de l'existence de notre *moi* sentant; et puisque cette existence consiste uniquement à sentir, celle des êtres autres que nous, s'ils existent, ne peut consister pour nous qu'à être sentis, ou, comme on dit ordinairement, que dans les impressions qu'ils nous causent. Cela est constant. Mais cette seconde existence est-elle réelle ou illusoire? C'est-là le point qu'il s'agit maintenant d'éclaircir. Plût à Dieu que Descartes se fût avisé de cette recherche, au lieu d'imaginer tout de suite des essences et des substances, et de déterminer hardiment la nature intime de ce qu'il n'avait pas assez observé.

Si notre sensibilité n'avait pas d'autre propriété que celle de produire des perceptions, des sentimens, nous ne connaîtrions que ces perceptions; et certainement nous ne saurions, nous ne soupçonnerions même jamais d'où elles nous viennent, ni qu'est-ce qui les cause. Nous pourrions les sentir et nous en ressouvenir, les juger et vouloir en conséquence les élaborer et en faire mille combinaisons; mais nous ne saurions les rapporter à rien qui nous soit étranger, ni même en avoir l'idée. Nous connaîtrions notre existence telle que nous venons de la représenter, et rien autre. Nous ferions tous ce que nous avons expliqué dans les Chapitres précédens, et rien de plus. Il faut donc que nous trouvions dans notre sensibilité une propriété que nous n'y avons pas encore remarquée, et qui nous sorte, pour ainsi dire, de nous-mêmes, et nous mette en relation avec le reste de la nature : c'est ce que nous allons voir.

Je me suppose un être purement sensitif, une simple monade sentante, sans forme, sans figure, sans relation, en un mot, un être tel que nous ne pouvons guères en concevoir, qui n'aurait absolument aucune autre propriété que celle de sentir et de combiner ses perceptions. Il est évident qu'alors je connaîtrais mes perceptions, et par elles mon existence; mais que je ne pourrais pas même imaginer qu'elles me viennent d'ailleurs, et qu'elles ne naissent pas en moi spontanément et sans cause externe. N'ayant aucune action sur aucun être, je ne pourrais me douter qu'il y a des êtres qui agissent sur moi et qui agissent les uns sur les autres. Je n'aurais que l'idée de passion et non celle d'action, celle de sentir et non pas celle d'agir. Dans cet état, si ma volonté est suivie de succès, je ne puis savoir pourquoi ; si elle n'est pas accomplie, je ne puis en deviner la cause.

Mais nous ne sommes pas cela. Quel que soit le principe de notre sensibilité (1), elle est intimement unie à un ensemble de parties, à un corps, à des organes. Elle s'exerce principalement par notre système nerveux, et sur-tout par le centre cérébral, qui est éminemment l'organe sécréteur de la pensée. Tant qu'elle n'agit et ne réagit que dans ce système nerveux, nous sentons, nous percevons, et voilà tout. Mais elle a une autre propriété ; elle réagit aussi sur notre système musculaire. Notre volonté fait contracter nos muscles et mouvoir nos membres, et nous en sommes avertis par un sentiment quelcon-

(1) Encore une fois, je ne m'occupe pas de le déterminer : cette recherche n'appartient pas à cette science-ci.

que. Nous ne savons pas, sans doute, d'abord que c'est du mouvement qui s'opère et que nous sentons; mais enfin nous savons que souvent nous éprouvons ce sentiment quand nous le voulons, et que quelquefois nous ne l'éprouvons pas quoique nous le souhaitons.

Bientôt de nombreuses expériences nous apprennent que l'existence de ce sentiment est dû à la résistance de ce que l'on appelle la *matière*, qui cède à notre volonté, et que sa privation vient de cette même résistance quand elle est invincible; et nous reconnaissons certainement que ce qui résiste à notre volonté est autre chose que notre vertu sentante qui veut, et que par conséquent il existe autre chose que cette vertu sentante qui constitue notre moi. C'est-là évidemment la base de l'existance pour nous, de tout ce que nous appelons les *corps*, et la première voie par laquelle nous la découvrons.

Quand ce phénomène ne serait accompagné d'aucun autre, quand les corps ne nous manifesteraient pas d'autre propriété que celle-là de résister à notre volonté réduite en acte, leur existence n'en serait pas moins aussi certaine et aussi réelle relativement à nous, que la nôtre même; car pour nous, exister c'est avoir des perceptions; et exister relativement à nous, c'est nous causer des perceptions; et nous ne pouvons jamais rien connaître que par ses rapports avec nous et notre sensibilité. Mais nous découvrons bientôt dans les corps beaucoup d'autres propriétés, telles que celles d'être mobiles, étendus, figurés, pesans, sonores, colorés, etc., et dans quelques-uns, celle d'être animés, sentans et voulans comme nous. Nous joignons toutes ces propriétés à la première, celle d'être résistans; et de leur ensemble nous formons les idées que nous avons de ces êtres; car notre idée d'un être n'est jamais que la réunion des perceptions qu'il nous cause, des qualités que nous lui connaissons.

Je n'entrerai point dans les détails de la manière dont nous acquérons successivement la connaissance de toutes ces propriétés des corps, et dont nous apprenons à distinguer celui qui obéit immédiatement à notre volonté, et par lequel s'exerce notre sensibilité, de ceux qui lui sont étrangers. Cela est inutile à l'objet que je me propose. Il n'importait au sujet que je traite que de déterminer le sens du mot *existence*, de prouver que celle des êtres qui nous environnent est très réelle, et de montrer en quoi elle consiste, parce que l'obscurité répandue sur ces questions en a jeté beaucoup sur l'histoire des procédés de notre esprit. Par la même raison, je dois donner encore quelques éclaircissemens sur la formation de deux ou trois idées qui tiennent à celles-là, et qui, par conséquent, ont toujours été mal démêlées.

CHAPITRE SIXIÈME.

Des idées temps, mouvement, étendue.

On vient de voir à quoi se réduit cette fameuse question que l'on a si fort embrouillée, en voulant toujours supposer et imaginer au lieu d'observer. Si notre volonté n'avait jamais agi directement et immédiatement sur aucun corps, nous ne nous serions jamais douté de l'existence des corps; mais dès qu'elle est réduite en acte, elle sent une résistance tantôt vincible, tantôt invincible, suivant les occasions. Ce qui lui résiste est autre chose qu'elle, et ce qui résiste est un être réel. Car résister, c'est être résistant, c'est être, c'est exister. Ensuite cet être, ou plutôt ces êtres résistans, sont reconnus, par mille expériences, possesseurs d'une multitude de propriétés qui paraissent ou disparaissent, suivant que la propriété fondamentale de résister subsiste, se modifie ou s'évanouit.

Aussi long-temps que ce phénomène primordial n'a pas été réduit à cet état de simplicité, il y a quelques-unes de nos idées dont il a été impossible de voir la génération et la vraie valeur. Telles sont les idées temps, mouvement, étendue. Il est bon de nous y arrêter un moment, parce qu'elles sont si générales, qu'elles embrouillent toutes les branches de nos connaissances, tant qu'elles restent dans le vague.

Un être sentant qui ne connaîtrait que sa propre existence sans aucuns moyens pour connaître des êtres autres que lui, pourrait avoir l'idée de durée; il suffirait pour cela qu'il fût doué de *mémoire*, qu'il eût un *souvenir*, et qu'il le reconnût pour un souvenir. Il jugerait qu'il a duré depuis la première fois qu'il a eu cette perception, et que l'impression de cette perception a duré en lui; mais cet être n'aurait pas l'idée de *temps*, qui est celle d'une durée mesurée, ou du moins il ne saurait avoir l'idée nette d'un temps déterminé avec exactitude; car nos perceptions étant fugitives et transitoires, leur succession dans notre esprit ne fournit aucun moyen de partager leur durée et la nôtre en portions distinctes, séparées d'une manière fixe et précise. Aussi voyons-nous que nous mesurons toujours la durée par le mouvement. Un temps est toujours manifesté par un mouvement opéré. Un jour, un an, le sont par les deux mouvemens de la terre, et leurs sous-divisions par ceux de nos horloges. Mais l'être dont nous parlons ne peut avoir l'idée de mouvement; il faut des organes pour l'acquérir ainsi que celle de l'étendue.

Même munis d'organes sur lesquels agit immédiatement notre volonté, nous ne savons pas ce que c'est que le mouvement dès l'instant que nous en faisons. Nous éprouvons un sentiment quand nos membres se meuvent ; mais nous n'apprenons que leur mouvement consiste à passer d'un point de l'espace à un autre, a parcourir une portion d'étendue, qu'en apprenant que la propriété des êtres appelée *étendue*, consiste à ce qu'ils peuvent être parcourus par le mouvement, à ce qu'il faut faire du mouvement pour aller d'une de leurs parties à une autre. Quand je passe ma main sur la superficie d'un corps, en ayant toujours le sentiment du mouvement de mon bras et de la résistance de ce corps, je découvre en même temps et que ce corps est étendue, et que mon mouvement consiste à le parcourir; ces deux idées sont essentiellement et absolument corrélatives, et ne peuvent subsister l'une sans l'autre. Il suit de là deux choses : l'une, que nous faisons ces deux idées en même temps; l'autre, que tout mouvement opéré est toujours exactement représenté par la quantité d'étendue parcourue; car c'est le même fait considéré de deux manières dans le corps parcourant et dans le corps parcouru, dans l'agent et dans le patient (1), (2).

Or, l'étendue des corps, seule entre

(1) C'est pour cela que l'on peut dire que le vide, le néant est étendu. Le néant n'est rien, mais les corps peuvent se mouvoir quand rien ne les en empêche; et ainsi ils parcourent de l'étendue qui n'existe que par rapport à eux. C'est cette étendue abstraite de tout être, mais dans laquelle un être peut tracer des figures par ses mouvemens, dont s'occupe la Géométrie pure. Aussi n'est-elle arrêtée dans ses spéculations par aucune considération propre à aucun être particulier.

(2) Pour un être sentant qui n'aurait pas la faculté d'exécuter des mouvemens, il n'y aurait pas d'étendue, car il n'en parcourrait jamais; et pour un être sans étendue, il n'y a pas possibilité d'exécuter des mouvemens, car il faut occuper un espace pour pouvoir en changer.

toutes leurs propriétés, a un avantage inappréciable, c'est d'être extrêmement divisible et invariable. Nous pouvons la distribuer en parties distinctes par des divisions précises et permanentes, qui se représentent à nos sens toujours claires et toujours les mêmes; c'est-là ce qui la rend éminemment mesurable; car on peut toujours la comparer à une de ses parties prise pour unité, et c'est-là ce que l'on appelle *mesurer*. Or, c'est ce que nous ne pouvons pas faire de la couleur, de la chaleur, de la dureté, etc., non plus que de la durée.

Cependant si nous représentons la durée écoulée par un mouvement opéré, puisque le mouvement opéré est nécessairement représenté par l'étendue parcourue, voilà que tous deux participent aux excellentes divisions de l'étendue. Mais il manque encore une condition pour que l'une et l'autre soient exactement mesurées; car l'étendue parcourue étant toujours la même, la quantité de mouvement peut être plus grande et celle de durée plus petite, ou réciproquement. Pour remédier à cet inconvénient, il suffit de rapporter toute durée à un mouvement uniforme et constant, qui soit toujours le même, et de prendre pour unité de durée une de ses périodes, telle que le jour. C'est ce que nous faisons. Alors toute durée est mesurable, par la même raison tout mouvement est mesurable aussi; car quand nous avons l'étendue qu'il a parcourue et la durée qu'il a consommée, nous avons sa proportion avec le mouvement diurne. C'est ainsi que la durée et le mouvement sont mesurés avec la dernière précision, grâce à l'étendue; et que le sont plus ou moins bien toutes les autres propriétés des êtres, à proportion qu'il nous est plus ou moins possible de ramener leurs effets à des mesures de l'étendue.

Cette dernière considération nous montre la cause des différens degrés de certitude des diverses sciences, ou du moins des différens degrés de facilité de leur certitude; car la certitude peut toujours avoir lieu; mais plus la précision des mesures est difficile et fugitive, plus il est aisé de se tromper sur les valeurs et les nuances des perceptions qu'il s'agit d'apprécier. La manière dont nous connaissons l'étendue nous montre aussi que nous ne sentons pas immédiatement les formes et les figures des corps qui sont des modifications de leur étendue, ni leurs distances et leurs positions qui en sont des circonstances, comme nous sentons leur couleur, leur saveur ou leur odeur; mais que nous les découvrons par des expériences successives, ou que nous en jugeons par des analogies; au reste, ce n'est pas ici le moment d'entrer dans les détails. Je prétends donner actuellement les principes de la

Logique, et non pas encore ceux de toutes les autres sciences. Il suffit donc d'avoir posé des bases. Peut-être trouvera-t-on que celles-ci débrouillent déjà bien des idées qui ont fort embarrassé les physiciens, géomètres et métaphysiciens qui n'étaient pas idéologistes.

Après avoir rendu compte de notre existence intime, des différens modes de notre sensibilité, de la génération des perceptions qu'elle nous donne, de sa relation avec l'existence des autres êtres, et des principales conséquences de cette relation, en un mot, de la marche générale de notre esprit, il semble qu'il ne nous reste plus qu'à en tirer des conclusions pour la direction de notre intelligence. Cependant il y a encore un préliminaire nécessaire, dont nous devons nous occuper auparavant; il faut parler des signes sensibles de nos idées; car ce n'est qu'au moyen de ces signes que nous élaborons nos idées premières; sans eux, la plupart de celles que nous avons ou ne seraient jamais formées, ou seraient aussitôt évanouies; et ce n'est jamais que revêtues de signes qu'elles nous apparaissent, et que nous en formons de nouvelles combinaisons. Ainsi pour bien rendre raison de ces combinaisons, il faut avoir expliqué l'origine, la nature et les effets de ces signes. La nécessité de cet examen sera mieux sentie quand il sera exécuté. C'est ce qui fait que nous devons nous y livrer actuellement.

CHAPITRE SEPTIÈME.

Des signes de nos idées, langage naturel et nécessaire.

Nous sommes faits de manière (et peut-être en est-il de même des autres êtres sensibles) que quand nous avons une idée, si nous ne la revêtons pas promptement d'un signe sensible, elle nous échappe bientôt, et nous ne pouvons ni nous la rappeler à volonté, ni la fixer dans notre pensée de façon à la développer, à la décomposer, à en faire le sujet d'une réflexion approfondie; ainsi les signes sensibles dont nos idées sont toutes revêtues, nous sont très nécessaires pour les élaborer, pour les combiner, pour en former différens groupes qui sont autant d'idées nouvelles, et pour nous représenter ces idées nouvelles; par conséquent ils influent beaucoup sur les opérations de notre intelligence. C'est ce motif qui nous oblige à nous en occuper ici, mais ce n'est point celui qui les a fait imaginer.

Un être animé n'a pas plutôt découvert qu'il existe d'autres êtres sentans et voulans comme lui, qu'il sent le besoin de leur communiquer ses perceptions et ses affections, soit seulement pour le plaisir de sympathiser avec eux, soit pour déterminer leur volonté en sa faveur, ou du moins pour empêcher qu'elle ne lui nuise.

Mais une idée n'est pas une chose qui puisse passer directement et immédiatement d'un être à un autre. Elle est en soi absolument interne et intransmissible. Il faut donc pour qu'un être sensible fasse part de son idée à un autre être sensible, qu'il fasse sur ses sens une impression qui représente cette idée. Cela se peut dès qu'ils sont convenus ensemble que telle impression est le signe de telle idée; mais pour faire cette convention, il faut déjà s'entendre, c'est-à-dire s'être communiqué des idées. Ainsi une pareille convention suppose fait ce qui est à faire. Ce ne peut donc pas être là le commencement du langage; et nos idées n'auraient jamais eu de signes conventionnels, si elles n'en avaient pas eu auparavant de nécessaires. Heureusement elles en ont de tels, et elles les doivent à la propriété qu'a notre volonté de réagir sur nos organes et de diriger nos mouvemens.

Par cela seul que nos actions sont les effets de ce qui se passe dans notre pensée, elles en sont les signes. Quand un homme veut approcher ou éloigner de lui une chose quelconque, il étend les bras pour l'atteindre ou la repousser. Ainsi ces mouvemens prouvent que cet homme désire ou rejette la chose vers laquelle ils se dirigent. Quand ce même homme est affecté de joie, de douleur ou de crainte, il jette des cris, et des cris différens dans ces trois occasions; ces cris montrent donc de quel sentiment il est affecté. Par conséquent ces mouvemens et ces cris sont les signes nécessaires des sentimens qui les causent; et ils les manifestent inévitablement à l'homme qui les aperçoit, et qui éprouve que de telles choses se passent en lui quand il ressent de pareilles affections.

Ce n'est même que par ce moyen qu'un homme découvre qu'il existe d'autres êtres sentans et pensans comme lui. C'est parce qu'il voit qu'ils font les mêmes choses qu'il fait lui-même quand il a certaines pensées et certaines affections, qu'il juge qu'ils en ont de semblables. Ainsi dès qu'il connaît qu'ils sont des êtres sentans, il a des élémens de communication avec eux; et sans convention aucune, il peut, quand il le veut, refaire pour leur manifester ce qui se passe en lui, les mêmes actions qu'il faisait pour exécuter ses volontés ou pour obéir à ses affections.

Tout cela est vrai des autres animaux comme des hommes. Aussi tous ont un langage commun, plus ou moins développé à proportion que leur organisation est plus ou moins propre à manifester leurs sentimens, et plus ou moins circonstancié à mesure que leur manière d'être est plus ou moins semblable. Tous s'entendent sur-tout avec les individus de leur espèce; mais tous entendent jusqu'à un certain point ceux des autres espèces, et tous aussi finissent par ne pas reconnaître pour animés les êtres qui n'ont pas de moyens de leur manifester qu'ils le sont, ou dont la nature est trop étrangère à la leur. C'est encore par leurs actions que tout cela nous est prouvé.

Mais il paraît que les animaux, même les mieux organisés, n'ajoutent presque aucune convention expresse à ce langage naturel et nécessaire : ils en usent, ils ne le perfectionnent pas. L'homme, au contraire, en a fait la base de beaucoup de différens systèmes de signes si compliqués, si artificiels, si purement conventionnels, qu'il n'est plus aisé de démêler leur origine première et la gradation de leur génération. C'est cependant à quoi il faut parvenir, si l'on veut connaître les opérations successives de notre esprit, auxquelles ces systèmes de signes sont dus, et la réaction proportionnelle de ces signes sur ces mêmes opérations.

CHAPITRE HUITIÈME.

Des signes de nos idées, langage artificiel et conventionnel.

PUISQUE nos actions sont les signes naturels de nos idées, le langage naturel a été appelé, avec beaucoup de raison, *langage d'action*, par les philosophes qui se sont aperçus les premiers de son existence et de ses conséquences. Il est composé de gestes et de cris.

Le langage artificiel ne néglige aucun de ces moyens; car nous-mêmes qui nous servons des langues parlées les plus perfectionnées, nous nous aidons encore presque toujours de gestes qui ajoutent à l'effet de nos discours et souvent le modifient; qui, dans beaucoup d'occasions, changent tout-à-fait le sens de nos paroles, et quelquefois même y suppléent absolument, sur-tout dans les momens où la vivacité de la passion ne permet pas de se contenter d'une expression lente et réfléchie.

Cependant ce sont les signes vocaux dont se forme principalement le langage conventionnel, comme étant plus commodes et susceptibles d'un nombre infiniment plus grand de variétés et de nuances fines et délicates, et peut-être aussi comme étant plus immédiatement l'expression de l'affection éprouvée; car on agit pour faire et on crie pour dire. Ce sont eux qui composent toutes nos langues parlées; mais dans ce dernier état, nos signes primitifs sont si dénaturés, que l'on a peine à voir comment ils y sont arrivés. Essayons pourtant d'y parvenir.

Il ne s'agit point ici d'étymologie. La question n'est pas de retrouver comment tous nos mots sont formés les uns des autres, et comment tous dérivent de quelques sons ou syllabes primitives. Ce genre de recherches est utile sous certains rapports; mais c'est-là la généalogie des sons et non pas celle des idées. Or, ce que nous voulons voir actuellement, c'est comment nos cris naturels deviennent une langue, c'est-à-dire par quelles opérations intellectuelles il se fait qu'ils sont remplacés par des phrases composées de mots, dont aucun ne fait un sens complet à lui seul, et dont même la plupart n'ont absolument aucune signification pris séparément. La série des transmutations successives qui produisent ce dernier ordre de choses, n'est peut-être pas si difficile à retrouver qu'il le semble d'abord.

Partons de l'état actuel, et remarquons premièrement que tous nos discours sont composés de ce que nous appelons des *propositions*, et que toutes nos propositions, de quelques formes diverses qu'elles soient revêtues, peuvent être toutes réduites à des propositions de l'espèce de celles que nous nommons *propositions énonciatives;* car quand je dis *faites cela*, ou *qu'est-ce que cela?* je dis réellement : *je veux que vous fassiez cela*, ou *je vous demande ce que c'est que cela*. Or, c'est ce que dans l'origine nous exprimons par un seul cri aidé, si l'on veut, de gestes. Nos cris expriment donc d'abord une proposition énonciative toute entière, comme font dans nos langues, les mots que les grammairiens appellent des *interjections*, et d'autres auxquels ils refusent ce nom, mais auxquels ils devraient le donner, puisqu'ils font le même effet; tels que *oui*, *non*, etc.; car *oui* veut dire j'accorde cela, et *non*, je nie cela. Le premier état des discours est donc d'être composé d'interjections qui expriment chacune une proposition énonciative.

Maintenant qu'est-ce qu'une proposition énonciative? C'est l'énoncé d'un jugement. Et qu'est-ce qu'un jugement? C'est la perception qu'une idée fait partie d'une autre, peut et doit être attribuée à une autre. Une proposition renferme donc toujours deux idées, le sujet et l'attribut; et dans l'origine l'interjection ou le cri exprime l'un et l'autre.

On peut même dire que comme nous ne sentons, ne savons et ne connaissons rien que par rapport à nous, l'idée, sujet de la proposition, est toujours en définitif notre moi; car quand je dis *cet arbre est vert*, je dis réellement *je sens, je sais, je vois que cet arbre est vert*. Mais précisément parce que ce préambule se trouve toujours et nécessairement compris dans toutes nos propositions, nous le supprimons quand nous voulons; et toute idée peut être le sujet de la proposition. Revenons.

Dans l'origine nos cris, ou interjections primitives, expriment donc nos propositions tout entières. Par leur moyen, nous commençons déjà à nous faire entendre. Bientôt nous y pouvons ajouter une modification, c'est-à-dire un autre cri, pour indiquer plus spécialement l'objet qui nous occupe, et que souvent nous montrons par un geste. C'est ainsi qu'à la chasse on dit *vlau*, pour dire je vois l'animal chassé; et *vlau-hou* pour spécifier que cet animal est un loup. Ces cris, ajoutés avant ou après le premier, deviennent les noms des objets : ce sont nos substantifs; et ils peuvent tous être ensuite les sujets de nouvelles propositions.

Mais qu'arrive-t-il quand un nom exprime le sujet de la proposition? Le voici. Quand je dis *ouf*, le cri *ouf* signifie *j'étouffe;* il représente toute la proposition. Quand je dis *je ouf, je* exprime le sujet, *ouf* n'exprime plus que l'attribut. Voilà l'interjection devenue verbe; car le verbe exprime toujours l'attribut de la proposition. C'est-là l'essence de ce mot qui a tant embarrassé les grammairiens, qui a paru si difficile à imaginer, et qui pourtant naît si naturellement du cri primitif, quand nous avons donné des noms à quelques objets. Au moyen de ces noms, nous pouvons varier indéfiniment les sujets du même attribut; nous pouvons aussi compléter sa signification.

Une fois arrivés à ce point, nous pouvons facilement imaginer de nouveaux cris ou monosyllabes pour exprimer toutes nos manières d'être, et même bientôt en imaginer un pour signifier simplement *être*, ou exister, sans dire comment. Ces mots seront tout ce que nous appelons *verbes adjectifs;* et le dernier sera le verbe substantif, qui est à proprement parler le seul verbe, ou attribut, et celui de qui tous les autres tiennent cette qualité.

Nous ferons de même des cris, ou monosyllabes, pour désigner tous les objets sensibles, à mesure que nous les indiquerons par nos gestes, et ces mots deviendront leurs noms propres. Bientôt en les généralisant ils deviendront des noms de classes, de genres et d'espèces; nous pourrons donner de même des noms aux différentes qualités d'un objet, qui seront particuliers, puis deviendront généraux.

Ensuite il est aisé de voir que nous pourrons employer ces derniers noms adjectivement, pour en faire les modifications d'un substantif ou le complément du verbe être, puis leur donner une forme adjective pour marquer cette nouvelle fonction, comme nous donnerons différentes formes aux verbes pour marquer ses modes, ses temps et ses personnes. Ainsi nous dirons d'abord : *cerf légèreté être* ou *étant beauté*; puis *cerf léger est* ou *était beau*. C'est ainsi que postérieurement de quelques-uns de ces adjectifs nous ferons des prépositions pour lier entre eux des substantifs, et peut-être des conjonctions pour lier entre elles les phrases, et que de quelques substantifs nous ferons des pronoms et des noms de personne; ainsi petit à petit nous aurons tous les élémens, non pas du discours, comme le disent les grammairiens, mais de la proposition; car ce sont les propositions elles-mêmes qui sont les élémens du discours. Bientôt aussi nous inventerons des tournures elliptiques ou oratoires, et différens expédiens que nous fourniront la grammaire et la rhétorique pour rendre l'expression de nos idées plus prompte ou plus vive, et nous aurons des langues, sinon très bien faites, du moins très compliquées. Tout cela se conçoit facilement ; ce n'est pas ici le lieu d'entrer dans les détails.

Remarquons seulement que tout cela se fait par des jugemens successifs, par lesquels nous démêlons les différentes parties d'une idée, c'est-à-dire les différentes idées partielles qui la composent, et au moyen de cette faculté que nous avons de séparer ces différentes parties pour les considérer isolément, ou les réunir de différentes manières et en former des idées nouvelles. C'est-là ce qu'on appelle *abstraire*, et c'est cette faculté d'abstraire qui, je crois, manque aux autres animaux, qui nous distingue essentiellement d'eux, et qui fait que, seul entre tous les êtres, l'homme a un langage développé et détaillé.

Ce langage, comme nous l'avons déjà vu, nous est infiniment utile, non-seulement pour communiquer nos idées, mais même pour les former et les combiner; car nos idées générales, et nous n'en avons plus d'autres, si on excepte celles qui sont exprimées par des noms propres, nos idées générales, dis-je, n'ont aucun modèle dans la nature. Elles n'ont pas d'autre soutien dans notre esprit que le mot qui les représente. Elles sont donc extrêmement fugitives, et seraient aussitôt effacées que formées, comme il arrive à celles que nous créons continuellement sans leur donner un nom particulier. De plus, les mots étant composés de sons, les font participer à la propriété des sensations, qui est de nous faire une impression plus sensible, de sorte qu'il est plus aisé de s'en ressouvenir. Ces signes ont donc déjà de grands avantages; mais ils sont encore fugitifs et transitoires. Il nous reste à les rendre propres à conserver nos idées pour tous les temps, et à les porter dans tous les lieux. Nous avons deux moyens d'y parvenir. Examinons-les successivement.

Les mots sont composés de sons, chaque son est essentiellement composé d'une articulation ou d'une aspiration faible ou forte qui est encore une espèce d'articulation, d'une voix, d'un ton et d'une durée. Nous représentons l'articulation par un caractère nommé *consonne*, la voix par un autre caractère nommé *voyelle*, le ton par un signe nommé *accent*, et la durée par un autre signe appelé *signe de quantité*, du moins c'est ainsi que nous devrions le faire toujours; et alors on ne verrait pas dans nos écritures, soit deux consonnes de suite, soit une voyelle qui n'est pas précédée d'une consonne, soit une consonne qui n'est pas suivie d'une voyelle, soit des syllabes qui n'ont ni accent ni signe de quantité. Mais enfin, bien ou mal, ce sont-là les circonstances du son que nous représentons, et c'est ce qu'on appelle *écrire*.

Il me paraît vraisemblable qu'on a

pu commencer par écrire les tons; car les hommes ont chanté de bien bonne heure, et leurs premiers langages sont bien accentués. C'est-là la note proprement dite; à cette note on aura joint un caractère pour marquer l'articulation, laissant la voyelle sous-entendue. C'est à peu près là l'écriture de l'ancien hébreu. D'autres fois, sans doute, on aura pu commencer par un caractère représentant toute une syllabe, qu'on aura détaillée ensuite; mais c'est toujours le même procédé. Cette manière de rendre durables et permanens les signes fugitifs de nos idées, est excellente et n'expose les idées à aucune altération, puisque ce sont, comme l'on voit, par la notation des sons, les signes qui sont reproduits, et non pas les idées elles-mêmes.

Nous avons une autre manière de représenter nos idées, c'est celle employée dans ce que l'on appelle très improprement les *écritures* hiérogly-phiques et symboliques, telles que celles des anciens Égyptiens, des Chinois et des Japonais; telles sont encore les pasigraphies, qui n'en sont que d'informes ébauches. Elles consistent à imaginer un caractère pour représenter chaque mot de la langue parlée, ou du moins, comme cela serait impossible, vu le grand nombre des mots, à en créer un pour chacun des mots radicaux, lequel caractère primitif on modifie ensuite pour représenter les mots dérivés, par différens traits qui en font bien réellement de nouveaux caractères. Toute cette série de caractères est composée d'après les règles de la syntaxe de la langue parlée sur laquelle cette langue peinte est primitivement calquée. Mais indépendamment de ce que ces caractères ne peuvent que très imparfaitement parvenir à rendre les inflexions fines et innombrables qu'éprouve le sens des mots dans l'usage des langues parlées, on voit que ce n'est pas là écrire, et que le fond de l'opération est essentiellement différent; car ici ce ne sont pas les sons du mot que l'on note, c'est un trait de plume ou de pinceau qu'on substitue au mot lui-même, c'est un nouveau signe que l'on donne à l'idée; en un mot, c'est une véritable traduction, et une traduction dans une langue nécessairement très pauvre, très mal adroite, très peu distincte, et qui ne peut jamais devenir usuelle, car on ne peut jamais la parler. Quand on la lit, on la retraduit de nouveau dans la langue parlée, et c'est une seconde source d'erreurs. Les funestes effets de cette espèce de signes sont impossibles à détailler et incalculables; plus on y réfléchit, plus on voit qu'ils sont immenses; et l'histoire prouve que les peuples qui s'en servent ne font aucun progrès; bien étudiée elle nous fait même soupçonner que les faibles connaissances qu'ils ont, ne sont que des débris de celles qu'ils ont reçues d'ailleurs, et qu'ils ont laissé obscurcir, n'ayant pas même su les conserver. Ajoutez que ces langues peintes ont le fâcheux inconvénient de ne pouvoir se prêter à l'usage de la précieuse invention de l'imprimerie, à cause de l'énorme multiplicité des caractères, laquelle fait aussi qu'un homme studieux passe la plus grande partie de sa vie à apprendre à les connaître imparfaitement.

Il faut pourtant observer que la science des quantités se sert d'une langue de ce genre, dont les chiffres et les signes algébriques sont les caractères, et dont les règles de calcul sont la syntaxe, et que cette langue non-seulement est sans inconvénient, mais a de prodigieux avantages. Cela tient à la nature des idées qui composent cette science. Elles sont toutes et uniquement d'un seul genre, des idées de quantité; on ne les considère jamais que sous un seul rapport, celui de quantité; et elles sont d'une telle exactitude et d'une telle précision, qu'elles ne sont sujettes à aucune confusion, et qu'elles se prêtent aux ellipses les plus fortes, c'est-là l'effet des formules algébriques; et à l'emploi des pronoms les plus éloignés de ce qu'ils rappellent, c'est-là la fonction que remplit souvent un signe algébrique substitué à toute une équation.

Quoi qu'il en soit, nous voilà avec des signes détaillés de nos idées, et même des signes permanens; leur utilité est manifeste. Nous éprouvons tous qu'à mesure que nous avons constaté une réunion d'idées par un mot, elle devient une idée unique qui peut être le sujet commode de nouveaux jugemens, et au moyen duquel nous formons facilement d'autres idées subséquentes. Cela est si vrai, que nous ne pensons jamais qu'à l'aide des mots, du moins je le crois, quoique quelques personnes prétendent qu'elles sont capables de faire des réflexions et des combinaisons purement mentales; mais je suis persuadé qu'elles se font illusion. Au moins est-il certain que la plupart des hommes n'ont pas ce pouvoir, et que non-seulement ils se servent des mots pour penser, mais encore qu'ils se les répètent à eux-mêmes souvent à voix basse, et quelquefois à haute voix, quand ils veulent fortement fixer leur attention. Alors l'idée a l'avantage de frapper le sens de l'ouïe. Quand elle est écrite, elle a l'avantage plus grand encore de frapper celui de la vue, et j'éprouve combien ce dernier effet est énergique, et combien d'en être privé nuit à la réflexion. Tout le monde peut aussi remarquer qu'il est plus aisé de juger ce qu'on lit que ce que l'on entend. L'écriture multipliée, et sur-tout l'imprimerie, est le plus grand des préservatifs contre les tempêtes si facilement excitées par l'éloquence, et sur-tout par l'éloquence populaire, indépendamment de ce qu'elle est le plus puissant moyen d'instruction et de communication, et le seul de conserver dans tous les temps le souvenir de nos actions et de nos pensées.

Les signes de nos idées sont donc bien utiles, on ne saurait trop le redire. Il ne faut cependant pas se persuader, comme on l'a avancé, qu'ils nous sont absolument nécessaires pour penser, car si nous n'avions pas eu d'idées auparavant nous n'aurions jamais créé des signes ; ni que les signes une fois créés, aillent avant ou sans les idées, car de quoi seraient-ils les signes ?

Il ne faut pas sur-tout se dissimuler qu'ils ne sont pas sans inconvéniens. Je ne dis pas seulement lorsqu'ils sont mal faits et que leur analogie ne suit pas celle des idées, et fait méconnaître leur filiation, comme il n'arrive que trop souvent; mais c'est-là un inconvénient accidentel et que l'on pourrait éviter jusqu'à un certain point. Ils en ont un autre bien plus essentiel et dont il est impossible de se préserver complètement, c'est que représentant des idées très compliquées et très fugitives, ils n'en rappellent souvent qu'un souvenir très imparfait. Ils restent toujours les mêmes, et les idées qu'ils représentent ayant acquis ou perdu dans nos têtes plusieurs de leurs élémens, sont réellement changées sans que nous nous en apercevions. Nous raisonnons sur le même mot, nous croyons raisonner sur la même idée et il n'en est rien. Il y a plus, chacun de nous ayant appris la signification d'un mot dans des circonstances, à des occasions, par des moyens différens et toujours au hasard, il est presque impossible que chacun de nous y attache précisément et complètement le même sens. Cela est sur-tout très sensible dans les sujets délicats ou peu connus. Mais ces inconvéniens si graves, qui sont la source de toutes nos erreurs et de toutes nos disputes, viennent bien plutôt des idées mêmes que de leurs signes, et tiennent à l'imperfection de nos facultés intellectuelles. Cela nous amène à l'examen de la déduction de nos idées.

CHAPITRE NEUVIÈME.

De la déduction de nos idées.

Si j'ai bien fait connaître dans les Chapitres précédens en quoi consiste notre existence, quelles sont réellement nos principales opérations intellectuelles, comment elles composent toutes nos idées, comment elles nous apprennent à les rapporter aux corps extérieurs qui en sont les causes premières, et enfin comment nous parvenons à revêtir ces mêmes idées de signes sensibles qui nous servent à les combiner et à les multiplier, il me restera bien peu de chose à dire sur la déduction de ces idées appelée *raisonnement* et sur les causes de la certitude et de l'erreur.

En effet toute notre existence consiste à sentir, et nous n'existons que par nos sensations tant internes qu'externes. Toute l'existence des êtres qui ne sont pas nous ne consiste pour nous que dans les impressions qu'ils nous causent, et nous ne connaissons d'eux que ces impressions que nous leur rapportons, parce qu'ils résistent à nos mouvemens sentis et voulus. C'est ainsi que nous acquérons tout d'un temps les idées essentiellement corrélatives de mouvement et d'étendue, et par suite le moyen de mesurer la durée, qui nous est connue par la succession de nos perceptions.

Tout ce que nous sentons et percevons

est bien certain et bien réel pour nous; nous ne sommes pas même susceptibles d'autre certitude et d'autre réalité. Toutes les idées que nous formons de nos premières perceptions devraient donc être aussi certaines et aussi conformes à la réalité, si les jugemens par lesquels nous les composons étaient irréprochables. Mais nos jugemens sont eux-mêmes une espèce de perception. Elle consiste à voir, à sentir qu'une idée peut être attribuée à une autre, que cette idée *sujet* renferme implicitement dans sa compréhension l'idée *attribut*, ou du moins que celle-ci peut y être ajoutée. Ce sentiment est encore une perception. Il ne saurait être une illusion, il existe réellement quand nous l'éprouvons. Un jugement n'est donc jamais faux en lui-même, il ne peut l'être que relativement à d'autres; c'est-à-dire lorsqu'il consiste à attribuer à une idée une idée contradictoire à d'autres idées que nous lui avons déjà attribuées par d'autres jugemens. Mais alors cette idée *sujet* telle que nous la sentons actuellement, quoique représentée par le même signe, n'est plus exactement telle que nous la sentions quand nous avons porté ces jugemens antérieurs. Elle n'est plus réellement la même, nous en avons un souvenir imparfait, et nous avons déjà vu combien malheureusement cela est facile et fréquent, et même combien cela nous est impossible à éviter toujours. C'est-là la cause de toutes nos erreurs, et il ne saurait y en avoir d'autres. Concluons qu'il n'existe pour nous que deux sortes d'évidence, celle de sentiment et celle de déduction. Celle de sentiment est de toute certitude, par conséquent celle de déduction n'est pas moins certaine, quand la déduction a été légitime, c'est-à-dire quand rien de contradictoire ne s'y est glissé; mais malheureusement il y a souvent très-loin de l'évidence de sentiment à celle de déduction, ou d'un premier fait à ses ultimes conséquences, et le chemin de l'un à l'autre est glissant et scabreux.

Que ferons-nous donc pour y marcher sans broncher? et quels appuis nous offrent à cet effet les logiciens? Examinons-les. Chercherons-nous des secours dans l'art syllogistique et dans la forme des raisonnemens? Mais il est évident que le danger est dans le fonds, c'est-à-dire dans les idées, et non pas dans la forme, c'est-à-dire dans la manière de rapprocher ces idées les unes des autres. De plus, tout cet art syllogistique ne consiste toujours qu'à tirer une conséquence particulière d'une proposition plus générale. Mais cette proposition générale, qui nous assure de sa justesse? Là, l'art nous abandonne. Il nous dit que c'est un axiome, que c'est un principe, et qu'il ne faut pas disputer des principes, qu'il faut s'en rapporter au bon sens, au sens commun, au sens intime, et mille autres choses de ce genre, c'est-à-dire, comme le remarquent très bien MM. de Port-Royal et Hobbès, que les règles que l'on prescrit à nos raisonnemens ne nous guident que quand nous n'en avons que faire, et nous abandonnent dans le besoin. A quoi il faut ajouter que ces règles sont toutes fondées sur un principe doublement faux, qui est que les propositions générales sont la cause de la justesse des propositions particulières, et que ce sont les idées générales qui renferment les idées particulières.

Premièrement, il est faux que les propositions générales soient la cause de la vérité des propositions particulières. Ce sont au contraire les faits particuliers bien examinés, et les jugemens justes que nous en portons qui sont le principe de toute vérité, et qui, rapprochés les uns des autres avec scrupule et avec réserve, nous autorisent à nous élever à des considérations plus générales, c'est-à-dire à porter le même jugement d'un plus grand nombre de faits à proportion que nous apercevons qu'il est juste de chacun d'eux.

Secondement, il est encore faux que ce soient les idées générales qui renferment les idées particulières, ou du moins cela mérite explication. Nous avons vu quand nous avons parlé de la formation de nos idées abstraites de différens genres, que séparant de beaucoup d'idées individuelles celles qui leur sont propres et ne conservant que celles qui leur sont communes, nous en formons l'idée d'une espèce; qu'ensuite reprenant les idées de plusieurs espèces, et en en séparant celles par lesquelles elles diffèrent, nous formons l'idée d'un genre; et ainsi toujours abstrayant, nous nous élevons aux idées plus générales d'ordre et de classe. Ce sont donc les idées les plus générales qui s'étendent à un plus grand nombre d'êtres, c'est ce qui constitue ce que l'on appelle l'*extension* d'une idée; mais ce sont les idées particulières qui conservent un plus grand nombre d'idées composantes, c'est ce qui constitue la *compréhension* d'une idée. MM. de Port-Royal avaient fait cette remarque, mais ils auraient dû en tirer un plus grand parti; car ce n'est pas le nombre d'êtres auquel peut s'étendre une idée qui fait rien à ce qu'on peut en juger, ce sont les idées qu'elle renferme qui font qu'on peut ou qu'on ne peut pas lui en attribuer une autre, c'est-à-dire en porter tel ou tel jugement. Aussi je puis bien dire qu'*un homme est un animal*, parce que l'idée d'homme renferme toutes les idées qui composent l'idée d'animal; mais je ne peux pas dire qu'*un animal est un homme*, parce que l'idée d'animal ne renferme pas toutes les idées qui composent l'idée d'homme. Il est donc vrai encore une fois, que l'extension d'une idée ne fait rien du tout aux jugemens qu'on en peut porter. De plus, il est à remarquer, et je crois que cela ne l'a jamais été, que dès que deux idées sont comparées dans une proposition, l'extension de la plus générale est tacitement réduite à l'extension de la plus particulière. Car quand je dis que l'*homme est un animal*, je veux certainement dire qu'il est un animal de l'espèce humaine, et non de toute autre, autrement je dirais une sottise énorme.

Je pourrais bien encore faire un autre reproche aux logiciens syllogistiques. Car s'il faut admettre avec eux que les propositions générales sont la cause de la justesse des propositions particulières, et que les idées générales comprennent les idées particulières, il est contradictoire de dire comme eux que le moyen terme qu'ils introduisent dans le syllogisme est égal aux deux termes comparés, et que la majeure et la conséquence sont égales et identiques. Au reste, j'aurais tant de critiques à faire de ce prétendu art syllogistique que j'oserai traiter sans ménagement d'illusoire, que je ne m'arrêterais pas à cette observation, si elle ne m'amenait à Condillac, à qui nous avons en très grande partie l'obligation de nous en avoir débarrassé. Lui en admettant ce dernier principe d'égalité et d'identité, a du moins rejeté l'autre, qui lui est opposé. Mais ce principe de la prétendue identité qu'il a conservé, qu'il a toujours exagéré de plus en plus, et qu'il a fini par pousser jusqu'à dire que le connu et l'inconnu sont une seule et même chose, me paraît l'avoir encore embarrassé, arrêté dans sa marche, et être la cause que ses derniers écrits ne sont pas les meilleurs, du moins à mon avis (1). Ce n'était effectivement faire là

(1) Les vrais titres de gloire de Condillac sont, suivant moi, ses Traités des Sensations, des Ani-

que la moitié du chemin. Il fallait tout simplement prendre l'inverse de la marche ancienne, voir la source de toute vérité dans les faits particuliers et les idées générales renfermées dans les idées particulières, dire nettement que les maximes générales ne sont la vraie cause d'aucune connaissance, et que l'on ne doit tout au plus s'en servir, encore après s'être bien assuré de leur justesse, que comme d'un moyen abrégé pour arriver à quelques conséquences qu'elles renferment dans leur extension. Ç'aurait été là porter dans la théorie la rénovation tant désirée par Bacon, et qui

---

maux et des *Systèmes*, et ses beaux morceaux sur l'Histoire de l'Esprit humain. Je mettrais encore au même rang, le premier de ses ouvrages, le *Traité de l'origine des Connaissances humaines*, malgré ses nombreuses imperfections ; parce que c'est la première fois que l'on a réellement essayé de donner une base solide à toutes nos connaissances, en les fondant sur l'examen détaillé de nos facultés et de nos opérations intellectuelles.

est introduite dans la pratique depuis que dans tous les genres de recherches on ne s'appuie généralement que sur l'observation et l'expérience, ce que bien des gens ne font peut-être que par imitation et sans savoir pourquoi; aussi s'écartent-ils souvent de cette excellente méthode, et même se fâchent-ils contre ceux qui cherchent à l'éclairer et à montrer pourquoi elle est bonne.

Nos anciens logiciens ne nous ont donc donné que des règles bien fausses ou du moins bien inutiles, pour nous guider dans la forme de nos raisonnemens. Voyons s'ils ont été plus heureux pour nous apprendre à éclaircir les idées qui en sont le fonds : car c'est-là l'essentiel.

Le seul conseil qu'ils nous aient donné à cet égard est, lorsque nous sommes embarrassés, de définir les idées qui nous occupent ou sur lesquelles nous disputons. Cet avis est bon, mais ils l'ont gâté : 1°. en prétendant qu'une idée est bien définie, quand on a trouvé ou cru trouver ce qui l'a fait être d'un tel genre et ce qui la distingue de l'espèce la plus voisine; 2°. en distinguant des définitions de mots et des définitions de choses; 3°. en prétendant que les définitions sont des principes, et que par conséquent on n'en doit pas disputer. Je crois au contraire que les définitions ne sont pas des principes, que si elles étaient des principes il faudrait discuter très soigneusement si ces principes sont vrais ou faux, que toute définition est ou doit être l'explication de l'idée, et par conséquent la détermination de la valeur du signe qui la représente, et qu'enfin il est toujours fort inutile de chercher et souvent impossible de trouver ce qui la fait précisément être de tel genre ou de telle espèce.

Que mettrai-je donc à la place de tous ces principes que j'ose réprouver? Une seule observation que me fournit l'étude attentive de nos facultés et de nos opérations intellectuelles, et celle de la formation de nos idées. La voici :

Je remarque que toutes nos idées viennent de nos sensations; que nous n'avons plus d'idées parfaitement simples; que toutes sont des groupes d'idées réunies en vertu des jugemens que nous avons portés des premières; que tous nos jugemens consistent à voir, et toutes les propositions par lesquelles nous les exprimons consistent à dire, que l'idée sujet de ces jugemens et de ces propositions renferme l'idée qui lui est attribuée; et que dans tous nos raisonnemens ce premier attribut devient le sujet d'un second, le second d'un troisième, le troisième d'un quatrième, et ainsi de suite aussi long-temps qu'il est nécessaire de chercher des idées intermédiaires entre la première et la dernière, en sorte que la dernière est comprise dans la première, si le raisonnement est juste, et que si le contraire arrive, le raisonnement est faux et sa conclusion erronée; c'est-à-dire en d'autres termes, que nos raisonnemens sont toujours ce que dans l'école on appelait des *sorites;* et effectivement la première figure du fameux syllogisme dans laquelle, sans trop savoir pourquoi, on plaçait le fondement de la justesse de toutes les autres, n'était rien autre chose qu'un sorite que l'on bornait toujours à trois termes, afin qu'il eût la mine d'être un syllogisme.

Je conclus de ces réflexions, qu'il n'y a rien du tout à dire sur la forme de nos raisonnemens; car ils n'en ont qu'une réelle. Elle leur est donnée par la nature de nos facultés intellectuelles, et il nous est impossible de leur en faire prendre véritablement une autre, quoique souvent elle soit masquée par des tournures elliptiques ou oratoires.

Quant aux idées, c'est-à-dire au sujet et à la matière du raisonnement, je ne connais d'autre précaution nécessaire à prendre que celle de les former avec soin, d'examiner souvent si nous ne les altérons pas, et si elles sont bien toujours les mêmes sous le même signe. Et lorsque nous avons sujet d'en douter ou de suspecter leur justesse première, ou bien lorsque nous voyons les autres ne les pas bien saisir, ou en tirer des conséquences contraires aux nôtres, il n'y a pas d'autre moyen que d'en faire, non pas une définition pédantesque et arbitraire, mais une revue aussi scrupuleuse et une exposition de leurs parties composantes aussi détaillée que cela est possible. Cela détermine également la valeur de l'idée et celle de son signe. On sent bien que cette revue et cette exposition ne peuvent jamais être absolument complètes. Pour que cela fût, il faudrait peut-être à propos d'une seule de nos idées, faire repasser sous nos yeux presque toutes celles que nous avons jamais formées, tant elles sont toutes étroitement enchaînées et liées entre elles. Mais il faut que cette revue et cette exposition dont je parle portent principalement sur les points douteux et sur ceux qui ont trait à la recherche ou à la dispute qui nous occupe.

Cet examen fait, si nous rencontrons dans nos idées quelque chose de louche ou de faux, il faut suspendre toute conclusion et recourir à de nouvelles recherches, c'est-à-dire à de nouveaux faits, pour nous mettre en état d'aller plus loin, sans quoi notre conclusion serait au moins hasardée. Elle pourrait à toute rigueur n'être pas fausse, car d'une idée composée qui renferme des élémens faux et des élémens vrais on peut tirer des conséquences justes si elles dérivent légitimement de ces derniers élémens. On peut même d'un jugement faux tirer une conséquence qui soit juste, si sans qu'on s'en aperçoive, elle n'en découle réellement pas; l'un et l'autre nous arrive très souvent; mais alors il n'y a pas de certitude; et la vérité, si elle existe, n'est que l'effet d'un heureux hasard.

Tout cela se réduit à dire que toute notre certitude fondamentale consiste dans l'évidence de sentimens, laquelle nous acquérons par des observations et des expériences scrupuleuses et rigoureuses; que notre certitude de déduction est toute aussi complète quand nous n'altérons pas la première par l'inexactitude de nos jugemens successifs; et qu'il n'y a pas d'autre certitude pour nous; ni d'autre cause d'erreur que les changemens imperceptibles qui se font à notre insu dans les idées que nous exprimons toujours par le même signe comme si elles étaient toujours les mêmes.

Je pourrais finir là, mais je dois encore ajouter quelques réflexions.

D'abord nous avons déjà remarqué en parlant des signes de nos idées, que chacun de nous apprend leur significa-tion dans des circonstances différentes, et le plus souvent au hasard, et qu'ainsi il est difficile, pour ne pas dire impossible, que nous ayions appris à attacher tous exactement et précisément la même idée au même mot. Nous avons observé de plus, en parlant de nos jugemens, que nos idées s'altèrent très souvent dans nos têtes à notre insu, et qu'ainsi le mot qui les exprime change de signification dans notre bouche sans que nous nous en apercevions. Il faut ajouter ici que ce triste effet vient sur-tout des variations de nos sensations internes, de l'état général de nos individus, de l'embarras ou de la liberté des fonctions de nos organes, et qu'il est une conséquence inévitable de la différence des âges, des sexes, des tempéramens, de l'état de santé ou de maladie et des différentes espèces de maladie, des impressions habituelles et des sentimens et passions dominantes. Il est en effet impossible que le mot *amour*, par exemple, réveille exactement la même idée dans la tête d'un enfant ou d'un vieillard, d'une femme passionnée, ou timide, ou coquette, ou intéressée, d'un jeune homme libertin ou délicat, fatigué ou vigoureux. Par des raisons analogues quoique différentes, il ne se peut pas que le nom d'une science, le mot *Chimie*, par exemple, réveille les mêmes idées dans la tête d'un savant ou d'un ignorant, d'un homme bien élevé ou d'un rustre bien que ni l'un ni l'autre ne sache la Chimie, d'un homme même qui l'étudie pour l'amour de la science ou de l'humanité, ou seulement pour y chercher des occasions de gain. Ces exemples ne finiraient pas; souvent les nuances sont très fines, mais toutes sont des causes d'erreurs et de dissentimens, et elles sont innombrables.

On sent bien que certaines classes d'idées y sont plus sujettes que d'autres. C'est-là ce qui constitue non pas le degré de certitude des différentes sciences, car dans toutes la certitude est également entière quand les raisonnemens sont justes; mais il est plus difficile de les faire justes ces raisonnemens dans les unes que dans les autres. Les idées morales, par exemple, sont très exposées à être altérées à notre insu par la disposition de nos sentimens, nos caractères, nos âges et les degrés de notre expérience. Voilà pourquoi les sciences morales sont si difficiles, et pourquoi les opinions y sont si variables. Les sciences physiques et naturelles sont déjà accessibles à un moindre nombre de déceptions, mais elles n'en sont pas exemptes. Les sciences mathématiques, au contraire, en sont presque entièrement à l'abri. Dans quelque disposition d'esprit que nous soyons, il nous est impossible, si nous y donnons l'attention suffisante, de ne pas apercevoir l'exactitude ou l'inexactitude d'un calcul ou d'une équation, ou d'un raisonnement sur une proposition de géométrie, parce que ces idées sont trop différentes de toute autre pour qu'elles puissent s'y mêler, et pour que nos affections les altèrent.

Ceci m'amène à une autre observation; j'avoue que contre une opinion assez répandue et qui était encore plus générale autrefois, je ne pense pas que l'étude des Mathématiques soit plus propre qu'une autre à rendre l'esprit juste. Je ne dirai pas à l'appui de ma manière de voir, qu'il y a des mathématiciens qui l'ont très faux quoiqu'ils ne se trompent pas sur les objets de leur science; car où ne se trouve-t-il pas des esprits faux? Mais je remarquerai que ce que l'on appelle assez improprement les *Mathématiques* (1) [je ne parle ici que des mathématiques pures], consiste dans la science des calculs arithmétiques et algébriques, et dans celles des propositions de géométrie, c'est-à-dire dans la connaissance des combinaisons que l'on peut faire des idées abstraites de quantité, et dans celles des conséquences que l'on peut tirer des propriétés abstraites de l'étendue. Or, on raisonne mieux et plus sûrement dans ces deux sciences que dans les autres, simplement parce que cela est plus facile, parce qu'elles sont moins sujettes à l'erreur, parce qu'elles sont moins exposées aux causes imperceptibles de déception. Elles ne fournissent donc pas plus d'occasions d'apprendre à s'en garantir, je dirai

(1) Le mot mathématique ne signifie que choses apprises, et qu'est-ce qu'on n'apprend pas, si ce n'est ce qu'on invente ?

même qu'elles en fournissent moins. J'irai plus loin, la science des quantités nommément est d'une monotonie absolue; elle ne s'occupe que d'un seul genre d'idées et toujours comparées sous un rapport du même genre; c'est ce qui fait, comme nous l'avons déjà vu, qu'elle peut se servir d'une véritable langue à part, ayant non-seulement des signes, mais sa syntaxe particulière, qui consiste dans les règles du calcul, ce qui constitue une véritable langue; car pour le dire en passant, ce que l'on appelle mal à propos la langue particulière des autres sciences, n'est qu'une nomenclature, et elles se servent toujours de la syntaxe des langues parlées. La langue numérique et algébrique en est toute différente. Je sais qu'il y a souvent beaucoup d'esprit et même du génie à bien user de toutes les ressources qu'elle offre, c'est-à-dire à la bien écrire, mais ses règles sont si sûres, que si l'on pouvait les apprendre par coeur, sans y rien comprendre, pourvu qu'on ne les oubliât pas, une première proposition étant écrite, on pourrait arriver à sa dernière conséquence sans savoir ce qu'on fait et sans se tromper, et c'est peut-être ce qui arrive quelquefois à peu de chose près. Ce n'est assurément pas là le moyen de former le raisonnement. Ajoutez que ne donnant lieu à aucune observation ni à aucune expérience, elle ne saurait habituer à porter à ces opérations la précaution et la sagacité qui y sont nécessaires. Aussi voit-on de très grands calculateurs avoir de la propension à ne pas faire un examen assez attentif des données dont ils doivent partir. Alors plus ils poussent loin leurs spéculations, plus ils s'égarent, sans toutefois jamais se tromper dans leurs calculs, parce que cela ne se peut pas en en suivant les règles. La géométrie pure est tout-à-fait dans le même cas pour ce qui regarde l'observation et l'expérience. A la vérité ses raisonnemens quand elle est traitée par la méthode qu'on appelle encore suivant moi mal à propos *synthétique*, ses raisonnemens, dis-je, se font dans les langues parlées, ils exigent les précautions ordinaires et ils sont rigoureux; mais encore une fois, c'est parce qu'ils sont faciles, et s'ils deviennent fatigans, ce n'est que par leur longueur.

J'expliquerai ici, en passant, pourquoi je n'aime pas ces mots de méthode synthétique et analytique. C'est qu'il n'y a aucune opération intellectuelle où on ne compose et décompose des idées, où il n'y ait synthèse et analyse. Je ne vois pas, par exemple, pourquoi on dit toujours l'analyse algébrique, et même souvent l'analyse au lieu de l'algèbre. L'algèbre n'est point une méthode, c'est une langue écrite, on se sert de cette langue comme d'une autre pour composer et pour décomposer. Très souvent quand on résout une équation dans ses élémens, c'est pour en reconstruire une ou plusieurs autres, il y a donc là composition et décomposition. Je conçois que l'on dise analyse chimique, quand l'opération consiste à décomposer une substance, et synthèse, au contraire, quand il s'agit de former de toutes pièces un nouveau composé. Mais la science se compose de tout cela, et l'on ne peut pas dire qu'elle emploie plutôt la méthode analytique que la méthode synthétique. Quant à la prétendue méthode synthétique que les géomètres croient employer quand ils démontrent une nouvelle proposition par des raisonnemens suivis à la manière ordinaire, c'est un véritable abus de mots; s'ils partent de propositions antérieurement prouvées, ils font une déduction comme toutes les autres et ne construisent rien; si, comme il ne leur arrive que trop, ils parlent d'axiomes ou maximes générales, peut-être vraies, mais qu'ils n'aient pas pris la peine de prouver, ou de définitions qui ne fassent pas connaître la génération de l'idée définie, ils n'ont fait que la moitié du chemin, ils n'ont rien composé, ils n'ont que déduit, et non-seulement leur synthèse n'est pas une méthode, mais leur marche n'est pas rigoureuse comme ils le croient, et donne même une très mauvaise habitude à l'esprit en l'accoutumant à se contenter de ne pas commencer par le commencement. En un mot, décomposer est un acte de l'esprit, et composer en est un autre; nous avons besoin de tous deux à tout moment. Mais il n'y a point de méthode purement analytique ou synthétique. Revenons aux sciences.

L'étude des sciences physiques et naturelles, et particulièrement celle de la Chimie, me paraît être de toutes la plus propre à former un bon esprit, c'est-à-dire à donner de bonnes habitudes à notre intelligence. En Chimie, les faits sont nombreux et variés, ils exercent la mémoire; ils sont compliqués et souvent difficiles à démêler, cela développe la sagacité et accoutume à l'attention. Ils fournissent matière à beaucoup de déductions et à tirer des conséquences multipliées, cela forme le raisonnement. Mais en même temps comme les objets sont toujours là, on a recours fréquemment à l'expérience et à l'observation, soit pour ne pas s'égarer dans le cours de la déduction, soit pour en vérifier le résultat quand elle est achevée. C'est-là vraiment l'emploi de la bonne méthode, qui encore une fois n'est ni analytique ni synthétique, ou, si l'on veut, toutes deux successivement quand il le faut.

La Physiologie serait encore très propre à former un bon esprit. Elle a, comme la Chimie, l'avantage d'habituer à des observations délicates, et à des raisonnemens fins, fréquemment mis à l'épreuve par de nouvelles expériences. On peut même ajouter qu'elle est supérieure à la Chimie par l'objet dont elle s'occupe, car, comme l'a si bien dit Pope, l'étude de nous-mêmes est de toutes la plus importante pour nous. De plus, en comprenant, comme on le doit, dans la connaissance de nos organes et de leurs fonctions, la connaissance du centre sensitif et de nos fonctions intellectuelles, la Physiologie (1) nous apprend

---

(1) Ce que l'on appelle l'*Idéologie*, n'est, ne doit être et ne peut être qu'une partie et une dépendance de la Physiologie, qui ne devrait pas même avoir un nom particulier, et que dorénavant les physiologistes ne pourront pas se dispenser de traiter. Car lorsqu'ils négligent ce point, ils rendent toutes leurs autres explications incomplètes, comme le fait bien voir l'admirable ouvrage intitulé : *Rapports du physique et du moral*, dans lequel Cabanis a réellement posé les vraies bases de toutes nos connaissances philosophiques et médicales.

directement quels sont nos moyens de connaître, leur force et leur faiblesse, leur étendue et leur limite et leur mode d'action. Ainsi elle nous fait voir comment nous devons nous en servir, et elle est réellement la première des sciences et l'introduction à toutes les autres. Mais la nature vivante nous est encore si peu connue, elle nous présente tant de mystères impénétrables jusqu'à présent, elle nous montre tant de points obscurs ou imparfaitement éclairés, elle donne si rarement lieu à des explications complètement satisfaisantes, que je craindrais qu'en s'y livrant un esprit encore peu formé, au lieu de s'habituer à l'opiniâtreté des recherches et au courage du doute, ne s'accoutumât au contraire à se contenter de connaissances imparfaites, et à se livrer à des conjectures hasardées. La Physiologie, en un mot, est encore une science trop difficile pour servir de préparation et pour ainsi dire d'apprentissage. Il faut se contenter d'en connaître les principaux résultats pour s'en servir comme de guides, mais n'aspirer à en reculer les bornes que quand l'esprit est dans toute sa force.

Ce qui résulte de tout ceci, à mon avis, c'est que nous devons toujours partir des impressions que nous recevons, c'est-à-dire des faits; les examiner avec attention pour n'y rien voir que ce qui y est, apporter le plus grand soin à nous former d'après ces faits des idées composées qui en soient des conséquences exactes, et prendre toutes les précautions possibles pour que ces idées une fois déterminées ne s'altèrent point à notre insu dans nos têtes pendant le cours de nos déductions. C'est-là, suivant moi, la seule bonne méthode; on l'appellera comme on voudra; et c'est aussi la seule conclusion de cet écrit, qui n'est que l'exposé sommaire des principes logiques les plus importans, ou, si l'on veut, le récit des principaux faits relatifs à l'intelligence humaine, car c'est-là dire la même chose de deux manières différentes.

P. S. Si après les explications précédentes, quelqu'un avait encore de la peine à croire que la perpétuelle et imperceptible variabilité de nos idées est la cause suffisante de toutes nos erreurs, et qu'il ne saurait y en avoir d'autre, je le prierais de donner quelques momens d'attention à ce que j'ai dit à ce sujet dans ma Logique, et surt-out je l'inviterais à relire l'immortel ouvrage du savant profond et judicieux que j'ai cité ci-dessus. Je me persuade que l'étude attentive de l'histoire physiologique de nos sensations et des modifications qu'elles éprouvent, ainsi que nos dispositions morales, par l'effet varié, continuel ou accidentel des âges, des sexes, des tempéramens, des maladies et des habitudes de tout genre, ne lui laisserait aucun doute à cet égard. Je n'ai fait ici que tirer quelques conséquences de ce magnifique tableau de la nature humaine, qui pourrait encore en fournir bien d'autres, et qui est également, pour toutes les branches de nos connaissances, une source de lumière dans laquelle on ne saurait trop puiser.

FIN.

De l'Imprimerie de Mme Ve COURCIER, rue du Jardinet, n° 12, quartier Saint-André-des-Arcs.

www.ingramcontent.com/pod-product-compliance
Ingram Content Group UK Ltd.
Pitfield, Milton Keynes, MK11 3LW, UK
UKHW020248220726
13923UKWH00002B/868

9 782019 707705